AF338043

NOTICE

SUR LE

PLAN EN RELIEF

DE M. LAVASTRE.

NOTICE

SUR LE

PLAN EN RELIEF

EXÉCUTÉ

Par M. LAVASTRE,

SUIVIE

D'un précis des Événements des 22 et 23 Juin 1848,

PAR T. B.

SE VEND

Chez tous les principaux Libraires et marchands d'Estampes.

MARSEILLE.

Imprimerie Ju CLAPPIER, rue Saint-Ferréol, 27.

—

1850.

NOTICE

Quand un artiste de mérite a produit une œuvre à laquelle il a consacré, non-seulement son temps, mais encore toutes ses facultés et toutes les combinaisons que lui ont pu fournir l'étude, le travail et la réflexion, la première récompense qu'il ambitionne, est celle de voir son ouvrage dignement apprécié du public, ce juge suprême dont la sanction couronne tout ouvrage et lui assigne sa véritable place. Il est pourtant de ces productions qui, tout en attirant d'abord l'attention, demandent néanmoins une certaine étude pour être bien comprises. Un tableau remplira d'admiration la foule des curieux, mais il ne sera bien jugé que par celui dont la main sait tenir le pinceau, et qui reconnaît tout de suite les difficultés surmontées. Il en est ainsi à peu près de tout ce qu'un artiste a exécuté. Le commentaire rehausse l'ouvrage, fait ressortir les détails et donne les raisons de l'impression produite. Ces réflexions ne nous paraissent pas inutiles pour expliquer aux personnes qui voudront bien la lire, les motifs qni nous ont engagé à publier la présente brochure.

On serait porté à croire, en voyant le plan en relief que M. Lavastre expose aux yeux du public, qu'une description devient inutile, et que l'œuvre de l'artiste n'a pas besoin de commentaires. Néanmoins, pour quiconque veut apprécier, comme il le mérite, un travail hérissé de difficultés surmontées avec tant de bonheur, et pour en comprendre toute l'utilité, il n'est pas superflu d'entrer dans certains détails.

Nous exposerons d'abord les moyens que l'auteur de ce plan a dû employer pour accomplir cette création qui déroule, dans un étroit espace, plusieurs quartiers de Marseille avec une vérité désespérante. Quelques considérations suffiront ensuite pour montrer que l'auteur de ce plan n'a pas consacré deux années d'un travail incessant et obstiné, à la réalisation d'un vain caprice de son imagination ; mais qu'au fond de cette œuvre est une pensée d'utilité, qu'il ne sera pas difficile de faire ressortir.

Nous nous occuperons, en premier lieu, du plan en lui-même et de son effet pittoresque.

Après les journées néfastes des 22 et 23 juin 1848, M. Lavastre conçut l'idée de consacrer le souvenir de ces funèbres événements qui vinrent subitement plonger notre cité dans la plus profonde consternation. D'autres en écriront l'histoire ; M. Lavastre a voulu conserver, pour ainsi dire, les événements mêmes, comme on conserve à des dépouilles mortelles toutes les apparences de la vie, dans le tombeau.

Pour exécuter son idée, l'artiste n'a pas reculé devant des difficultés immenses qu'une volonté ferme a pu seule lui faire surmonter.

Qu'on songe que ce plan en relief des quartiers qu'ont ensanglantés l'émeute et les barricades, reproduit dans les moindres détails chaque place, chaque rue, chaque ruelle, chaque maison, avec leur physionomie exacte.

. Quand du haut de la colline Bonaparte, par exemple, vous planez sur la ville, que vous embrassez presque tout entière d'un regard, votre œil se perd au milieu de ces mille toits inégaux, hérissés de cheminées, de mansardes, de clochers se dressant au milieu, etc., et rien ne vous serait plus impossible que de débrouiller ce chaos de lignes anguleuses, entrecoupées : eh bien ! ce que votre œil et votre pensée seraient impuissants à faire , l'auteur du plan ne l'a pas jugé impossible. Vous êtes devant son œuvre, vous la dominez du regard, et vous pouvez vous convaincre de l'admirable diversité qui règne entre chaque couvert des maisons qu'il a reproduites. Approchez-vous et voyez-en les détails : ils sont trop minutieux pour ne pas vous prouver que vous avez là une copie exacte de chaque toit ; bien plus, toutes les cours, les divers murs de séparation, les portes, les fenêtres qui se trouvent entre les différents pâtés de maisons, rien dans cette scrupuleuse reproduction n'a été omis.

Si nous insistons sur ce point, c'est, qu'en effet, il offre un des principaux mérites de ce plan, et qu'aucun des artistes qui ont fait auparavant des ouvrages de ce genre, ne s'était avisé de cette exactitude inouïe. Tous se contentaient de disposer, sur les lignes des rues, des maisons de fantaisie et reproduisaient en gros l'ensemble, sans se soucier des détails. Ici, forme, teintes, couleurs, volets , portes, enseignes, tout est reproduit avec une telle et si minutieuse vérité , que l'on serait tenté de croire que ce plan est sorti d'un Daguerréotype qui aurait eu la puissance d'ajouter à la reproduction de détails infinis, la faculté de les mettre en relief. Rien n'a été omis , tout est là dans les proportions et dans l'intégrité la plus exacte.

D'après ces considérations, on concevra sans peine que le travail préparatoire ait coûté à M. Lavastre plus de trois mois consécutifs, qu'il a fallu employer à lever le plan de tous ces quartiers; car il n'a pu se servir des plans existants de la ville, dressés sur une échelle qui leur donne de trop petites proportions pour qu'ils aient dû lui être de quelque usage; mais il a levé lui-même un plan général où sont marqués les moindres accidents du sol, pente, élévation, etc.

Après cette opération, une autre s'est présentée. Il a fallu prendre chaque maison à part, la mesurer, la visiter de la base au sommet et sur toutes ses faces, et passer ainsi d'une maison à l'autre de ces vastes quartiers. Une seule rue, ainsi visitée et reproduite avec cette patience de génie, s'il est permis de le dire, eût suffi pour faire reculer devant les difficultés et l'aridité du labeur, tout homme doué de moins d'énergie et de volonté. Songez qu'il a fallu *daguerréotyper* ainsi avec le compas, le pinceau, le ciseau, les maisons de cent trente-quatre rues.

Nous avons vu bien des plans en relief; Marseille possède même celui de la ville entière, exécuté en liége; œuvre de patience, si l'on veut, mais dont l'exactitude de détails et même d'ensemble laisse beaucoup à désirer, comme tous les plans qui ont été faits jusqu'à ce jour, ainsi que nous l'avons remarqué plus haut. Un artiste éminent, en ce genre, a reproduit, en liége, quelques-uns des principaux édifices de notre ville. L'église des Chartreux, par exemple, a été imitée par lui avec un rare bonheur, et devant cet unique morceau , on est étonné de la patience, de la justesse et de l'adresse qu'il a fallu à l'artiste pour exécuter son œuvre. Mais on est écrasé par la comparaison, quand on examine en détail le plan de M. Lavastre , qui a déployé la même patience, la même justesse et la même adresse dans un nombre infini de sujets qui se tiennent tous et forment un ensemble exact.

Le liége dont on s'est servi généralement jusqu'à ce jour pour ces sortes d'ouvrages, se prête, par sa nature , aux fantaisies de l'artiste avec plus de facilité que toute autre matière ; mais, outre qu'il offre moins de solidité, il ne pouvait se prêter à rendre l'idée de la perfection que l'auteur de ce plan a voulu donner à cette reproduction inimitable.

Pour remplir son but, il a donc choisi une matière plus dure et plus rebelle : c'est dans des pièces de bois debout et massif, qu'il a taillé séparément chacune des parties qui forment l'ensemble de ce monument.

Ces diverses parties, toutes mobiles, sont enchassées, vissées en dessous, sur une surface de 8 mètres carrés, à laquelle ont été données avec une exactitude géométrique, les diverses inégalités que la ville présente réellement dans les quartiers reproduits. On peut, à volonté, enlever et remettre chaque pièce séparément et sans que l'ouvrage puisse en souffrir en rien.

Ce plan embrasse, dans son ensemble, les différents lieux qui furent le théâtre des événements de Juin : La rue de la Palud, la place aux OEufs et la Cannebière, centres des uns, et ensuite la place Castellanne où s'élevèrent les dernières barricades. Autour de ces points principaux, s'étendent tous les quartiers par où l'émeute a passé, depuis le débouché de la rue d'Aix jusqu'à l'entrée du Prado.

Le quartier Castellanne se trouvant trop éloigné du reste du plan, a été l'objet d'un tableau séparé qui n'aurait pu être réuni à la partie principale qu'à l'aide d'un travail tout-à-fait en dehors du but que l'on s'était proposé, puisqu'il aurait fallu ajouter un quartier considérable où il ne s'était passé aucun des évènements de Juin.

Tel qu'il s'étale sur cette large surface, le plan est réduit à l'échelle de 5 millimètres par mètre. Dans cette proportion , on embrasse d'un coup-d'œil une grande partie de la ville, dont on reconnaît d'abord toute la physionomie, et surtout la physionomie qu'elle avait au moment que cet ouvrage est destiné à retracer : ces rues désertes , ces maisons que la terreur des habitants a fermées , sont ici dans l'état même où elles se trouvaient quand l'émeute vint éclater au milieu d'elles.

Pour dépeindre ensuite fidèlement les scènes qui se passaient dans ces différentes rues, M. Lavastre a modelé lui-même 56 personnages aux proportions microscopiques, dans différentes poses , qu'il a ensuite jetés en fonte.

Tous ces personnages sont autant de petits chefs-d'œuvre, tant la reproduction des moindres détails présente de fini. Fantassins, cavaliers, gardes nationaux, hommes de l'émeute y fourmillent alignés, groupés, dispersés, attaquant ou défendant les barricades , livrant bataille au milieu de la rue, combattant du haut des toits. Tous ces personnages , en métal colorié, sont là dans les diverses attitudes et les différentes positions qu'ils ont dû prendre durant les scènes de ce drame. Ici, sur la Canebière, s'en reproduit une des principales et des premières : celle où M. le général Ménard St-Martin fut blessé. Là, sur la place aux Œufs, au sommet des maisons, au débouché des rues, dans la place même, toutes les positions, toutes les barricades et les matériaux qui servirent à leur construction, sont reproduits avec une vérité historique. La place Castellanne et ses diverses barricades, les grandes , les petites, prises, abandonnées, reprises, tout y vit , non pas seulement dans l'aspect des places et des rues, mais dans la représentation des mouvements qu'exécutèrent les différents acteurs dans ces deux jours de lutte sanglante. Il a presque fallu autant de patience et de temps que pour le reste , pour produire et jeter ainsi partout ces personnages aux proportions si réduites et néanmoins si exactes.

Ici, sur le Cours , en tournant vers la Cannebière , se trouve la malle-poste qui arrivait en effet précisément au moment où les événements commençaient, le matin.

On peut donc suivre sur cette carte topographique, en relief, tout le récit des journées de Juin. C'est une histoire pittoresque , taillée au ciseau , mais par un ciseau intelligent, scrupuleux dans son exactitude.

Nous avons donné une faible idée de tout ce qu'a dû coûter à son auteur ce travail fait avec une conscience que peu d'artistes sont capables de mettre à ce qu'ils exécutent. M. Lavastre , qui a étudié sous deux célèbres sculpteurs,

MM. David et Ramey, nous révèle, en effet, une main exercée dans cet ouvrage d'une vérité si peu idéale et néanmoins si éminemment artistique.

On est étonné de la prodigieuse activité qu'il lui a fallu déployer pour accomplir son dessein, quand on sait qu'avant de ciseler ces pièces de bois massif, que plusieurs ouvriers étaient chargés seulement d'équarrir à angles droits, il a dû se livrer à un travail préparatoire qui atteste combien l'artiste avait à cœur de présenter une œuvre complète sous toutes ses faces : du haut de chaque maison, il a d'abord modelé, en argile, chacune des toitures, des cours, murs de séparation, etc., comme le sculpteur modèle l'original de la statue ou du buste qu'il veut reproduire ensuite par le ciseau. Comme cette opération, en lui donnant les formes et les différentes faces des objets, pouvait néanmoins pécher sous le rapport de l'exactitude des proportions, le graphomètre et autres instruments géométriques venaient rectifier les erreurs que l'œil le plus exercé laisse échapper dans un semblable travail.

Prenant ensuite des mains de l'ouvrier, les morceaux de bois équarris d'après ses indications, il les sculptait lui-même et les finissait, non sans avoir préalablement accompli une troisième opération plus importante encore, pour l'exactitude: celle de prendre sur le papier le dessin exact de l'architecture, des ornements et des diverses ouvertures des façades. Enfin, une quatrième opération, non moins essentielle pour la vérité du coup-d'œil, a été celle des diverses teintes de chaque édifice qu'il a fallu reproduire fidèlement pour que rien n'altérât cette vérité d'ensemble à laquelle il voulait atteindre. Ces sortes de plans ne sont ordinairement que badigeonnés avec une couleur à la colle ; dans celui-ci, chaque façade est peinte à l'huile, de sorte que ce sont autant de petits tableaux aux couleurs vives et durables.

C'est par ces divers travaux, aussi importants que longs et difficiles à exécuter , que M. Lavastre est parvenu à donner à son œuvre la forme exacte , la couleur et la vie, pour ainsi dire. Il a tout coordonné et a fait jaillir des diverses parties de son œuvre , dont chacune forme un tout si complet, cette unité parfaite que vous avez sous les yeux.

Il suffira maintenant , après ce que nous avons dit, de jeter un coup-d'œil sur ce plan pour en apprécier les difficultés si heureusement surmontées, qu'elles ne se font pas sentir au premier aspect, comme dans tous les chefs-d'œuvre sortis de la plume de l'écrivain, du pinceau du peintre ou du ciseau du sculpteur.

Après avoir fait considérer le plan sous le rapport de

l'art en lui-même, qu'il nous soit permis de montrer que le mérite, — et c'en serait déjà un bien grand — n'en consiste point seulement dans les difficultés vaincues, et une imitation parfaite en tout point, mais qu'il peut offrir une utilité véritable et mérite sous ce rapport d'être conservé comme un document d'importance réelle.

Ainsi que nous l'avons déjà remarqué, les plans en relief qu'on a exécutés jusqu'à présent, sont bien éloignés de la perfection qu'on peut leur donner : en ne présentant que des lignes en relief, sans vérité de détail, ils n'offrent guère plus d'avantages que les plans tracés simplement sur une carte.

Dans bien des cas, cependant, on reconnait la nécessité d'un plan en relief. L'usage en devient de plus en plus fréquent et l'on doit s'étonner que les artistes chargés d'en confectionner, soit pour éclairer les juges dans un procès, soit comme on l'a fait récemment à Paris pour les halles à établir, soit enfin pour toute autre objet important, on doit s'étonner, disons-nous, que les artistes mettent si peu de soin à rendre les moindres parties ou au moins les plus essentielles de l'édifice qu'ils ont à représenter. C'est là pourtant un objet qui doit servir de base certaine et qui, par conséquent, doit rendre tous les détails avec la plus grande servilité d'imitation.

Si, par exemple, il s'agit d'un projet d'alignement ou de la construction d'un monument public dans des quartiers irrégulièrement bâtis, l'ingénieur chargé de dresser le devis des travaux, n'aura pas seulement à reconnaître qu'en coupant dans telle direction, l'on pourra modifier les contours, redresser les rues tortueuses, etc. Il faut encore établir des calculs, évaluer approximativement les maisons qu'il est nécessaire d'abattre. Un plan dans lequel les maisons ne seront pas copiées une à une, et dont les toitures offriront une certaine uniformité arbitraire, ne pourra nullement aider l'ingénieur à établir une différence entre une maison neuve, bien construite et d'une certaine importance, avec celle qui s'élève à côté, moindre, délabrée et de peu de valeur. C'est là cependant ce qu'il importe que l'ingénieur puisse saisir et apprécier d'un coup-d'œil et c'est en ce point surtout que le plan dont nous nous occupons ici, présente un avantage important et réel sur tous ceux qui l'ont précédé

Qu'il s'agisse maintenant d'une affaire dont la justice soit saisie et qui exige de la part des magistrats et des jurés une connaissance exacte et minutieuse des lieux théâtre d'un vol ou d'un assassinat. Une reproduction aussi parfaite des lieux, que celle que M. Lavastre est parvenu à obtenir, épargnera aux magistrats bien des dérangements, et, dans leur cabinet même, ou bien à l'audience, ils pourront suivre les traces du délit, sur ce plan où l'état des lieux, mansardes, gorges de loup, portes, fenêtres, cours, hangards, remises, murs de séparation, tout est aussi bien établi et représenté que sur le lieu lui-même. On n'aura besoin que de détacher de l'ensemble la maison ou le quartier, ou la partie de la rue nécessaires; et tout cela est rendu facile par la manière ingénieuse avec laquelle chaque partie de ce vaste tout s'adapte ou s'enlève sans la moindre difficulté.

Supposons encore que l'émeute éclate dans un quartier ou qu'il s'agisse de la prévenir, en s'emparant des positions les plus favorables; un chef de l'armée ou de la garde nationale ne trouvera-t-il pas un puissant secours dans un plan réel où les moindres accidents de terrain ou de construction, parfaitement reproduits, lui permettront de combiner les mesures qu'il aura à prendre, avec la plus rigoureuse exactitude et avec bien plus de facilité qu'il ne le ferait sur les lieux mêmes où l'étendue des quartiers ne lui laisserait point la faculté d'en embrasser nettement l'ensemble et les détails.

On peut juger, par ce peu de mots, de la différence qu'il faut établir entre les plans de fantaisie, pour ainsi dire, dans lesquels l'artiste a taillé au hasard des maisons qu'il a disposées sur les lignes tracées avec plus ou moins de précision, et l'œuvre que nous avons sous les yeux, œuvre authentique, à laquelle on peut recourir en toutes sortes de cas, avec la plus grande confiance.

Sous le rapport de l'utilité, ce nouveau plan est donc d'une importance inappréciable; sous celui de l'art, il est d'une valeur que l'œil le moins exercé reconnait à l'instant.

Nous terminons les explications que nous avons cru indispensable de donner pour ceux qui voudront visiter l'œuvre de M. Lavastre et s'en rendre un compte exact.

Les descriptions élogieuses deviendraient ici super-flues. Il est de ces productions qui se recommandent assez d'elles-mêmes. Celle-ci fait, à elle seule, l'éloge de l'artiste dont les mains viennent de nous donner cette preuve éclatante d'habileté, en formant un chef-d'œuvre si complet de tout point.

ÉTAT NOMINATIF

Des Places, Rues, Débouchés de Rues et Culs-de-Sac qui se trouvent compris dans le Plan.

Place de la République.
»   Maronne.
»   du Chevalier Rose.
»   des Quatre-Tours.
»   des Prêcheurs.
»   St-Martin.
»   du Mont-de-Piété.
»   aux OEufs.
»   des Hommes.
»   de la Fraternité.
»   Castellanne.
Cours St-Louis.
Cours (grand)
Rue du Mont-de-Piété.
»   traverse du Mont-de-Piété.
»   de la Croix-de-Malte.
»   des Pucelles.
»   du Grand-Puits.
»   de Sion.
»   Neuve-St-Martin.
»   traverse de Sion.
»   de la Vieille-Monnaie.
»   des Gerbes.
»   des Vergers.
»   de la Lune d'Or.
»   de la Lune Blanche.
»   des Marquises.
»   de Belzunce.
»   Grande-Rue.
»   traverse des Prêcheurs.
»   des Prêcheurs.

Rue St-Pierre, martyr.
»   de la Campane.
»   des Dominicains.
«   des Consuls.
»   St-Victoret.
»   Coutellerie.
»   St-Jaume.
»   du Pont.
»   des Quatre-Tours.
»   de la Triperie.
»   Vieille Curaterie.
»   Requis-Novis.
»   des Graffins.
»   Petit-St-Gilles.
»   d'Allauch.
»   de la Pyramide.
»   Vierge-de-la-Garde.
»   des Quatre-Pâtissiers.
»   St-Gilles.
»   de l'Etrieu.
»   des Fabres.
»   de la Tête-d'Or.
»   du Petit Maucouinat.
»   Bon-Juan.
»   Patat.
»   du Bausset.
»   Pavé-d'Amour.
»   Fontaine-de-l'Armény.
»   du Pin.
»   de Gambony.
»   Pierre-qui-Rage.

Rue des Templiers.
» des Auffiers.
» Fontaine-Ste-Anne.
» traverse Coutellerie.
» des Augustins.
» Neuve-des-Augustins.
» de la Fraternité.
» Canebière.
» Suffren.
» Beauvau.
» Pavillon.
» St-Ferréol.
» des Chartreux.

Rue de la Glace.
» de Rome.
» Méolan.
» d'Aubagne.
» Vacon.
» de la Palud.
» Pisançon.
» 1re Calade.
» 2e Calade.
» grand-chemin de Rome.
Quai de la Fraternité.
» Ste-Anne.
» Rive-Neuve, jusqu'au Canal.

Débouchés de rues.

Du Saule.
Halle-Puget.
des Pénitents Bleus.
du Petit-Cimetière.
Juiverie.
Ste-Barbe.
du Moulin d'huile.
de Siam.
d'Aix.
Nationale.
du Petit St-Jean.
du Relais.
Tapis-Vert.
Thubaneau.
Poids-de-la-Farine.
de l'Arbre.
Noailles.
des Recollettes.

Longue-des-Capucins.
Halle Charles-Delacroix.
Haxo.
Paradis.
de la Tour.
Glandevès.
Quai du Canal.
St-Ferréol-le-Vieux.
Grignan.
de la Darce.
Dragon.
Perrier.
Basse-Perrier.
St-Suffren.
Ste-Victoire.
de la Nouvelle-Pyramide.
grand chemin de Toulon.

Culs-de-Sac.

2 à la rue Sion.
2 à la rue du Grand-Puits.
1 à la rue Belzunce,
1 rue Vieille-Cuiraterie.

1 rue Neuve-St-Martin.
1 Grande-Rue.
1 rue des Quatre-Tours.
1 rue Triperie.

PRÉCIS HISTORIQUE

Des événements des 22 et 23 Juin

Pour l'intelligence complète du plan dressé par M. Lavastre, nous allons rapidement esquisser l'histoire de ces jours à jamais célèbres et déplorables des 22 et 23 juin, où des barricades se dressèrent pour la première fois sur le pavé de notre cité. Journées sanglantes, pendant lesquelles la fusillade éclatait et de généreux citoyens payaient de leur vie ou de leur sang leur beau dévoûment à la cause de l'ordre, de la civilisation et de la liberté.

On se souviendra longtemps du lugubre aspect de Marseille pendant ces scènes désastreuses. Au mouvement de nos rues, au concours des citoyens, à l'éclat de nos opulents magasins avaient succédé la solitude et le deuil. Tou-

tes les maisons demeurent fermées, quelques rares pas-
sants circulent sur la voie publique gardée, sur plusieurs
points, par les troupes de ligne et la garde nationale.
Tout annonce que notre ville est sous le poids d'une de
ces grandes calamités qui font époque dans les fastes
d'une population.

Pour le faire remarquer en passant, le plan de M. Lavastre, où tout est désert, hormis les lieux où se passent les
différentes scènes du drame, reproduit fidèlement cette
physionomie imprimée à Marseille pendant ces jours de
terreur.

Comment ce malheur vint-il s'abattre sur la ville ?
Comment au milieu de cette population laborieuse, ac-
tive, souffrant du contre-coup des événements de Février,
mais attendant avec résignation un temps meilleur ; comment, par quelles causes la révolte a-t-elle éclaté ? La
cause première se rattache à la grande insurrection qui
éclatait le même jour à Paris et dans quelques villes des
départements. Nul doute que de mystérieux agitateurs
ne se fussent glissés au milieu des ouvriers ; mais ils eurent le soin de cacher leur but sous un prétexte spécieux
et capable de séduire les brigades de travailleurs enrôlées
pour les travaux du canal.

Ici, nous écarterons toute appréciation sur les personnages qui se trouvaient en tête de l'administration ; elle nous éloignerait de notre plan, lequel est circonscrit dans le récit exact et sévère des faits; l'histoire se chargera de porter ses jugements.

Nous ne parlerons de chacun que pour raconter ses actes et la part qu'il a prise nécessairement dans cette tragédie.

Jusqu'au jeudi 22 juin, la ville avait joui de sa tranquillité accoutumée. Une manifestation de volontaires parisiens, appuyée par le club des Montagnards, avait seule, dans la soirée du dimanche précédent, troublé un instant l'ordre public ; mais , après quelques arrestations , tout paraissait avoir cessé. Cependant le jeudi, dans la matinée, les diverses sections des ouvriers employés aux tranchées du canal, quittent leurs chantiers et se mettent en marche sous la conduite de quelques agitateurs. Le prétexte de ce mouvement était d'obtenir de M. E. Ollivier la réduction de la journée des ouvriers à 10 heures de travail. Cette réduction avait déjà été accordée et le préfet n'eut qu'à répéter à la députation envoyée par ce tumultueux rassemblement, la promesse de maintenir les dix heures accordées. Tout eût été fini là, si le but des meneurs n'eût pas été tout autre que ce motif apparent.

La manifestation prit tout-à-coup, sous l'inspiration des

chefs, un caractère hostile. Les quelques gardes nationaux et la troupe de ligne, qui se trouvaient aux abords de la préfecture, sont assaillis à coups de pierres. Les émeutiers, repoussés, se dispersent dans la rue St-Ferréol et de là, en criant : *Aux armes* ! ils vont se réfugier dans la rue de la Palud, où ils construisent une barricade à l'angle de la rue 2e Calade.

Cette première barricade, construite à la hâte avec quelques pavés et des planches prises dans une maison en construction, ou détachées des soubassements de quelques autres maisons voisines, n'avait pas beaucoup d'importance et ne pouvait pas résister longtemps.

La garde nationale se porta immédiatement sur ce point, ayant en tête un commissaire de police. Les insurgés ripostèrent par des coups de pierres et des coups de fusils aux sommations faites. Plusieurs gardes nationaux furent blessés.

Ayant épuisé tous les moyens de conciliation, la milice citoyenne fit une décharge et enleva la barricade en quelques instants. Trois émeutiers furent tués ou blessés; un jeune homme, tout-à-fait étranger à l'affaire, eut la cuisse fracassée par une balle. Après la débacle de la barricade, les insurgés cherchèrent à se procurer des armes ou allèrent prendre celles qu'ils avaient en réserve.

Le rappel avait été battu, les gardes nationaux se rendaient à leur place d'armes.

Une collision eut lieu entre une partie des insurgés et la compagnie Salles réunie sur la place St-Louis, devant le café Puget.

Les émeutiers cherchent à désarmer cette compagnie qui résiste quelque temps; deux autres compagnies se présentent au moment de la lutte , la compagnie Ricard et la compagnie Estienne ; mais loin de secourir leurs frères d'armes , elles pactisent avec l'émeute , et les gardes nationaux que commande M. le capitaine Salles sont désarmés.

En même temps , deux nombreuses compagnies se formaient sur la place de la République. M. le général Ménard St-Martin les harangua, puis elles prirent position sur la Canebière , devant l'hôtel des Empereurs , là se trouvait déjà la compagnie Ricard.

Le général Ménard St-Martin, dont la conduite a été si belle pendant ces journées, et qui par sa fermeté , son courage et son dévoûment s'est acquis, en ces jours, de nouveaux titres à l'estime et à la reconnaissance de notre ville, le général St-Martin, accompagné d'un chasseur de la ligne et d'un maréchal-des-logis de la garde nationale , vint passer devant ces différentes compagnies. A peine était-il arrivé, qu'il reçut, presque à brûle pourpoint, un coup de pistolet, qui fort heureusement ne lui occasionna qu'une blessure peu grave à la joue.

Cette réception, l'attitude insubordonnée et menaçante de la plupart des hommes qui faisaient partie des compagnies ou qui étaient venus se mettre dans leurs rangs, obligea le général à s'éloigner; il se dirigea rapidement vers la place de la République : c'est au moment qu'il tournait bride, que la compagnie Ricard fit feu sur lui : son cheval reçut cinq balles ; celui du chasseur de la ligne tomba mort un peu au-dessous de la rue St-Ferréol. Cette même décharge eut un effet plus malheureux, c'est par elle que le capitaine Robuste fut tué sur la Canebière, un peu avant la place de la République.

Immédiatement après , les aggresseurs fuient , comme s'ils étaient poursuivis, et gagnent les vieux quartiers.

Pendant ce temps-là, au lieu de donner des ordres pour agir énergiquement contre les insurgés, le préfet perdait du temps à écrire et à faire imprimer des proclamations absurdes aux révoltés.

Ceux-ci avaient mis ce temps à profit et s'étaient organisés au nombre de 7 à 800. La place aux OEufs était devenue leur quartier-général. Toutes les issues avaient été fermées par les barricades ; des sentinelles veillaient aux abords de toutes les rues prêtes à donner l'alarme; les maisons avaient été envahies , les tuiles enlevées pour les faire pleuvoir sur la troupe. Vers deux heures, la garde nationale et la ligne reçurent ordre d'aller débusquer les insurgés.

Cette entreprise était pleine de périls : le haut des maisons, les fenêtres, les rues , la place , tout était occupé par les révoltés. Néanmoins, la garde nationale et la troupe de ligne s'enfoncent résolument dans ces rues étroites qui du Port, de la Canebière et du Cours vont aboutir à la place aux Œufs.

Les artilleurs de la garde nationale , avec lesquels se trouvaient aussi quelques détachements de la troupe de ligne arrivèrent, par la Grand'Rue, en face de la première barricade.

Voici quelles étaient les dispositions prises par les insurgés pour résister à l'attaque :

Cinq barricades avaient été construites par eux.

La première s'élevait sur la place aux Œufs, au coin de la Grand'Rue (Est) ; elle était construite avec une charrette, des pavés entassés et de vieux meubles ;

La seconde, formée avec des caisses et des planches, s'élevait au commencement de la rue de la Lune-d'Or sur la place aux Œufs;

Une troisième était à l'entrée de la rue Vieille-Monnaie ; des planches, des chaises, des meubles, des pavés la composaient;

La quatrième barricade s'étendait de la maison Billon, bijoutier, à l'autre angle de la Grand'Rue ; elle était . comme les précédentes, formée de caisses, planches, meubles et pavés;

Toujours en ligne de la place aux OEufs , rue Requis-Novis, s'élevait la cinquième barricade dans laquelle entraient les mêmes éléments de construction que dans les précédentes.

Quand la troupe de ligne et les artilleurs furent arrivés devant la première barricade, une terrible fusillade éclata et répandit la consternation dans toute la ville. Un instant après le capitaine Devilliers tomba, mortellement blessé, sur l'escalier de la maison Guigou de Feraud ; il fut transporté par des soldats dans une maison de la place des Hommes.

Nos troupes , engagées dans ces rues étroites où elles se trouvaient resserrées et dominées par les rebelles, eurent beaucoup à souffrir. Des barricades, des fenêtres, du haut des toits, le plomb, les tuiles, les pavés pleuvaient sur nos braves et faisaient des victimes. Dans la Grand'Rue, au coin de celle de Sion, l'artilleur Laplace fut tué par les tuiles que l'on lançait du haut des maisons. On le transporta au corps-de-garde du Cours.

L'artillerie de la garde nationale, qui était en tête de l'attaque, fut plus maltraitée que le reste de nos défenseurs. On sait sa belle conduite ; nos éloges n'ajouteraient rien à l'admiration qui lui est acquise à jamais.

L'artillerie se composait de deux batteries ; c'est le premier rang qui fit feu, de concert avec la troupe de ligne.

L'un et l'autre de ces deux corps se prolongeaient jusqu'au Cours. Une partie s'était répandue dans les rues voisines.

Au commencement de l'action, un jeune insurgé voulut poser un drapeau sur la barricade, et il fut tué immédiatement.

Après les premières décharges, un artilleur s'étant réfugié sous la barricade, un insurgé allait le traverser d'un coup de baïonnette, lorsque le capitaine Mamiot, plus prompt que lui, le prévint et sauva le garde national en étendant mort l'insurgé d'un coup de pistolet.

Le lieutenant Mitre fut blessé dans la rue Requis-Novis, par une décharge partie des fenêtres de la maison Giraud ; il mourut quelques jours après des suites de cette blessure.

Enfin, la compagnie de Marine vint renforcer les assiégeants et leur fut d'un précieux secours. Les barricades furent enlevées, et les maisons dans lesquelles une partie des insurgés s'étaient barricadés furent entièrement évacuées à 4 heures et demie.

Outre les morts que nous avons déjà signalés, nous devons encore citer un sergent-fourrier du 20e et trois soldats.

M. Bourrillon, commissaire de police, fut un des premiers blessés dans cette affaire. Comme il s'était avancé à la tête de quelques troupes de la rue   vers la place aux OEufs, au moment où il allait faire les sommations et engager les insurgés à la retraite, une décharge partit de derrière les barricades, et une balle lui traversa le bras, dont il dut subir l'amputation. A côté de lui, fut également frappé le commandant Parron. Il y eut encore plusieurs autres blessés.

Un grand nombre d'insurgés furent faits prisonniers dans les maisons mêmes où ils s'étaient réfugiés, et où ils cherchaient à se cacher. On les conduisit au fort Saint-Jean. Il y eut, de leur côté, dit-on, neuf morts et quinze blessés.

Pendant qu'on en finissait avec l'insurrection à la place aux OEufs, elle se relevait sur un autre point. Les insurgés , chassés de leur position, s'étaient rendus sur la place Castellanne , où ils avaient encore élevé une suite de barricades. Ces préparatifs annonçaient que l'émeute était repoussée et non vaincue. La nuit survint sur ces entrefaites , et laissa la population dans une horrible attente des événements dont nous menaçait le lendemain.

Dans la matinée du 23, en effet, le rappel fut battu. Bientôt l'on entendit, du côté de Castellanne, la fusillade et le bruit du canon.

Là s'élevaient encore cinq barricades , la plupart solidement construites.

L'une partait de l'angle de la rue Sainte-Victoire, et s'avançait dans la largeur du grand chemin de Rome. Elle était régulièrement construite, toute en pavés.

La seconde, également fort solide, était formée de deux charrettes renversées et de plusieurs tombereaux remplis de pavés ; les insurgés avaient pris ces charrettes et ces tombereaux à des charretiers qui passaient en ce moment. Cette barricade coupait encore le grand chemin de Rome, en partant de l'angle de la maison où se trouve le bureau de vérification de l'octroi.

La troisième s'étendait de la maison occupée par la recette de l'octroi sur toute la largeur du grand chemin de Toulon. Elle était construite avec des charrettes, planchés et pavés.

Au débouché de la rue de la Nouvelle-Pyramide, s'élevait la quatrième barricade, composée de planches, poutres, pavés, etc.

Enfin, sur toute la longueur de la place Castellanne, à l'entrée du Prado, régnait une longue barricade peu solide. C'était une espèce de barrière formée de planches, derrière lesquelles se trouvait quantité de poutres.

Les garnisons voisines avaient été appelées à notre aide.

Le bataillon du 6e de ligne, arrivé d'Avignon, ayant en tête son chef, M. Lamoussaye, et deux compagnies de marins s'avancèrent vers la première barricade sur la place Castellanne, déjà brisée par le canon de notre artillerie, et l'enlevèrent à la baïonnette. Le 6e y perdit deux hommes.

On dit qu'à cette barricade, les insurgés éprouvèrent des pertes considérables. Plus de cent d'entre eux furent faits prisonniers.

La maison de l'octroi fut criblée de balles, à mesure que l'on tirait sur les insurgés qui se trouvaient sur les toits. Comme à la place Janguin, ceux-ci avaient envahi les maisons, et les mêmes scènes s'y renouvelaient, peut-être plus acharnées, mais elles durèrent moins longtemps.

A dix heures, tout était fini.

La ville, au bout de quelques jours, avait repris son aspect accoutumé, et cet ouragan, effet déplorable de nos discordes civiles, ne laissait bientôt plus que quelques vestiges sur les maisons des places où la lutte s'était engagée et des regrets profonds pour ceux qui avaient perdu la vie pour la défense de nos foyers, de l'ordre et de la liberté.

SONT MORTS A MARSEILLE

POUR LA

DÉFENSE DE L'ORDRE CONTRE L'ANARCHIE

Dans les Journées des 22 et 23 Juin 1848.

DANS LA GARDE NATIONALE :

MM. **MITTRE**, sous-lieutenant de la compagnie Mouren.
PECOUL, garde national   id.
LAPLACE, garde artilleur.
BARON, garde national de la compagnie Lagarde.

DANS L'ARMÉE :

MM. **DEVILLIERS**, capitaine au 20e léger,
ROBUSTE, capitaine au 20e de ligne.
PÉÈS, sergent-fourrier au 20e de ligne.
DURAND, fusillier au 6e de ligne.
CLAIR, fusillier au 20e de ligne.

Honneur à leur Mémoire et Paix à leurs Cendres !

ONT ÉTÉ BLESSÉS POUR LA MÊME CAUSE :

DANS LA GARDE NATIONALE :

MM. MÉNARD-St-MARTIN, général.
SALLES, capitaine.
BELLANDE, lieutenant.
MILLE, fourrier.
JOUVE, brigadier.
LEYMANN, artilleur.
AUPHANT, garde national
ALBE, id.
BULONNE, id.
BENET, id.
BONTEMPS, id.
BOYER, id.
BROCHIER. id.
CONTE, id.
CRESSAN, id.
COUTE, id.
COUPIN, id.
DEBOME, id.

MM. DAUMAS, garde national.
DEGOIX, id.
LAVOUX, id.
LEBRETON, id.
MICHEL, id.
MOLINO, id.
MAGALOUX, id.
MARQUANT, id.
MERLE, id.
PELLOQUIN, id.
PARQUET, id.
PHILIBERT, id.
PARAPHE, id.
RORSIA, id.
ROUGIER, id.
REYNOIR, id.
TINET, id.
THOULOUSAN, id.

DANS L'ARMÉE :

MM. PARSON, chef de bataillon au 20e,
TRONSIN, chasseur au 20e,
MAIROT, chasseur au 20e.
GIRARD, voltigeur au 20e de ligne.
NICOLAS, fusillier au 20e de ligne.
BADEFORT, fusillier au 6e de ligne.

DANS LES CORPS ADMINISTRATIFS :

MM. MARQUOIS, commissaire central.
BOURILLON, commissaire de police, amputé du bras droit.

TUÉ PAR ACCIDENT:

M. CURET, âgé de 16 ans, commis.

Dans sa séance du 25 juillet 1848, la Commission municipale, sur la proposition de l'honorable M. Albrand. a voté des secours aux blessés et les allocations suivantes aux familles des morts dans les journées des 22 et 23 Juin.

Mme DEVILLERS, 1.500 fr. de pension.

Mme PECOUL, 800 fr.

M. et Mme MITRE, 1,000 fr. réduits à 700 au profit du dernier survivant.

Mme LAPLACE, 400 fr.

Mme veuve BARON, 400 fr.

M. MILLE, 800 fr. reversibles sur sa femme, 1,000 fr. d'indemnité et l'entretien de son fils à l'école des Arts-Métiers.

M. THOULOUSAN, une indemnité de 1500 fr.

Mme PÉÈS, 200 fr. de pension.

M. et Mme CLAIR, une pension de 300 fr. réduite à 200 sur le dernier survivant.

Mme DURAND, une pension de 200 fr.

M. BOURILLON, une pension de 1,000 fr. reversible sur sa femme, plus un secours de 2,000 fr.

Le Conseil a clôturé sa délibération par le vote d'une Epée d'honneur au général MÉNARD-St-MARTIN.

Un rapport supplémentaire doit statuer sur la famille BODEFORT, et sur les récompenses à accorder aux fusiliers NICOLAS, MOIROT et GIRARD.